CANCER

KEEP YOUR KINDNESS.

優しさをつらぬけ

蟹座の君へ贈る言葉

鏡リュウジ
Ryuji Kagami

JN075175

sanctuary books

蟹座は川のように流れている。
ときには先を急いだり、
ときには一箇所にとどまったり、
岩にぶつかって分かれては、
またひとつに合流することがあっても、
川はとめどなく、力強く流れている。

焦る必要はない。
どれだけ遠回りしても、
どれだけ時間がかかったとしても、
最後には、
あなたの帰りを海が待っているのだから。

友人のふとした言葉。
目に映る景色から受け取る愛。
季節の匂いから感じる予感。

あなたの目の前で起きることには
すべて意味があり、
メッセージが含まれている。

すべては大きな流れのなかにあり、
すべてがつながっていることを、
あなたはどこか懐かしく感じているだろう。

川は多くの命の母だ。
あなたが笑えば、周りも笑い、
あなたが穏やかな気持ちでいれば
周りも優しい空気を吸うことができる。

蟹座のあふれる愛によって、
あなたを中心に、
人と人とが次々とつながっていく。

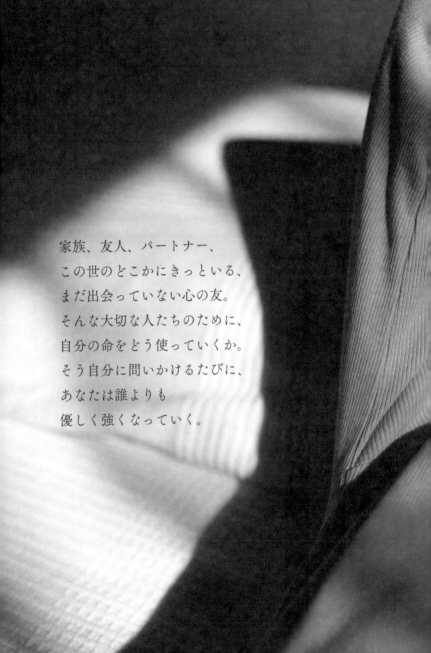

家族、友人、パートナー、
この世のどこかにきっといる、
まだ出会っていない心の友。
そんな大切な人たちのために、
自分の命をどう使っていくか。
そう自分に問いかけるたびに、
あなたは誰よりも
優しく強くなっていく。

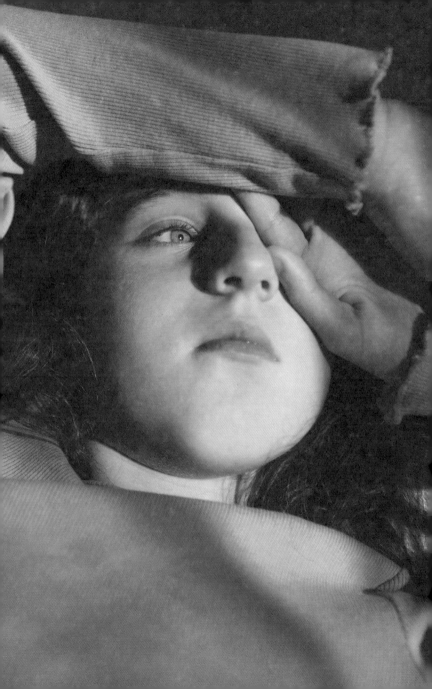

あなたは
数多くの人や出来事と結びつき合いながら、
互いの手を離すことなく、
やがて大きな海へと向かっていくだろう。

後ろを振り返るな。
もがくな。逆らうな。
ただ流れを感じて、
身をまかせるのがいい。

どれだけ苦しいときでも、
大切な人たちとの絆だけは大切に。

見上げれば空。
やがて雲の合間から光がさしこみ、
蟹座の前にまぶしい未来が開けていく。

蟹座は、
誰よりも深く人とかかわり、
固く結ばれることができる。

そしてその絆を意識すればするほど、
どこまで優しく強く、前向きになれる。

あなたが守りたい人たちは誰か。
その人たちと成し遂げたいことは何か。
彼らと一緒に笑い合える未来にいたるのは、
どんな物語だろうか。
ゆっくりと想像して、一つひとつ行動に移して、
蟹座らしさを発揮していこう。

素晴らしい蟹座の人生を、
さらに輝かせる「使命」と「挑戦」のために、
35のヒントとメッセージを贈ります。

蟹座のあなたが、

もっと自由に
もっと自分らしく生きるために。

CANCER

CONTENTS

CANCER

CHAPTER 1

本当の自分に
気づくために

【夢／目標／やる気】

あなたの夢は何か？
やりたいことが見つからないときは？
あなたの心を動かすものは何か？
蟹座のあなたが、
向かうべき方向はどこだ。

1

「原体験」を呼び覚ませば
「やるべきこと」が
見えてくる

あなたには、大事な「思い出」が支えになって、がんばれたという経験がないだろうか。

　12星座中4番目、ホロスコープの図で一番下にくる蟹座は、その位置が示すように、「根っこ」をすごく大切にしている。自分のルーツや家族、幼い頃の体験といった「過去からのつながり」や「昔の思い出」が支えになっている。

　だからあなたがこの先、何をやるかを考えるときも、未来ではなく過去を振り返ることで、答えが見つかることがある。とくに鍵を握るのは「原体験」。人は、人生の途中で必ず人格や考え方に大きな影響を与える、決定的な体験に出会う。心に刻まれた親しい人の言葉、衝撃を受けた事件、価値観を変えた一冊の本、夢中になったアニメ……。そうした「原体験」を自覚し向き合った人が、生き生きとした人生をつかんでいることが多い。

　だから、あなたも自分にとっての原体験を探し出してみよう。

　たとえば、昔の日記やノートを読み返してみる。故郷に戻って思い出の場所を訪ねてみる。実家の棚から思い出のものを引っ張り出してみる。家族や友人に昔の自分のことを聞いてみる。

　子ども時代だけでなく、学生時代や大人になったあとの体験でもいい。すごく些細なことでもいい。大事なのは、あなたの感情がどれだけ揺さぶられたか。ひたすら過去に思いをはせ、いまの自分の価値観や性格、趣味につながる体験、自分の原点となっている体験を見つけ出そう。そうすれば、本当の自分がわかってくる。自分のやりたいことが見えてくる。なぜそれをやりたいかも明確になり、揺るぎないモチベーションになるだろう。

　蟹座にとって「過去」を振り返ることは後戻りすることじゃない。未来を見つけるための大切なステップなのだ。

2

何をやるかより
「どこに属したいか」
を考える

蟹座のなかには、何がやりたいのかを見つけるのが苦手、という人が多い。でも、そういう人でも「どこに属したいか」を考えると答えが出ることがある。

　感情の星座である蟹座は、人との深い絆を求めている。自分の居場所・ホームを求めている。自分がやりたいことや夢よりも、自分がいる場所、所属している集団、一緒にいる仲間に愛情や誇りを感じるほうが重要なことがある。

　しかも、蟹座はこの会社のためなら、この人たちと一緒なら……そう感じたら、高いモチベーションで取り組むし、充実感を得ることができる。

　だから、やりたいことが見つからないときは誰と一緒にやりたいか、どの組織の一員になりたいかを考えてみよう。

　就職だったら、仕事内容や自分の職種よりも愛着や誇りを持てる会社、大好きな商品をつくっている会社、尊敬している先輩が働いている会社を志望してみる。進学でも、何を勉強するかでなく、校風や通っている学生の雰囲気で選んでみる。

　そんな選び方は動機が不純だ、仕事内容、学ぶ内容で選ばないと成長できない、という人もいるかもしれない。

　でも、蟹座の場合は愛せる場所に属することが自分の成長にもつながる。なぜなら、その場所を愛していればいるほど、モチベーションが上がるし、がんばれるから。アイデアもどんどん湧いてくるし、自分のことだけでなく他の人のサポートも積極的に買って出るようになるから、周りからの評価も高まり、自然と大きな仕事や課題をまかされるようになる。

　まずは属したい場所に行くことで、「自分が本当にやりたいこと」「人生で果たすべき役割」も、きっと見えてくるはずだ。

CANCER

3

いまよりもっと
「誰かのため」を
意識してみる

蟹座の底流にあるのは、誰かの役に立ちたいという気持ち。それまで関心がなかったことでも、「誰かのため」と思えたら人の何倍もがんばれる。

　逆にもし、あなたがいま「何もやる気がない」と感じているのだとしたら、それは自分に意識が向きすぎているのかもしれない。

　蟹座がモチベーションを上げるためには「誰かのため」を意識したほうがいい。

　たとえば大切な人、身近な人を頭に浮かべてみる。自分の子どもや親、恋人、友人、上司や仲間をよろこばせたい、助けたい、その人の役に立ちたいと考えてみる。

　そうすると、自然と「がんばらなきゃ」という気持ちが湧いてくる。いろんなことに前向きにチャレンジできるようになる。

　自分の可能性をもっと広げたいときも同じだ。自分が出世したいとか、お金持ちになりたいという動機では、蟹座は上を目指せない。それなら「誰かのため」の「誰か」のスケールを広く、大きくしたほうが蟹座は成長できる。

　いままで家族や会社の仲間のためにがんばってきたなら、これからは、お客様のため、業界のため、地域のために何ができるかを考えてみる。

　あるいは、災害にあった人、弱い立場にいる子どもや老人、戦争や貧困に苦しむ異国の人たちに思いをはせ、ボランティアに取り組んでみるのもいい。

　保守的で視野が狭いといわれることもある蟹座だが、もっと広い「誰か」を意識して自分ごととしてとらえたら、どんどん視野が広くなる。意識が高くなって、能力も引き出される。そして、本当に社会に貢献できる人間に成長できるだろう。

4

「境界線」を
どこに引くかで
可能性が決まる

蟹座はテリトリーの意識が人一倍強い。蟹の甲羅が外の世界と自分をハッキリと隔てているように、明確な境界線を持っている。

　境界線の内側、自分のテリトリーのなかであればリラックスしていろんなことに挑戦できるし、細やかにも大胆にも動ける。一方、境界線の外側に行くと途端に自信を失い、モチベーションも上がらなくなる。

　つまり、境界線をどこに引くか、テリトリーをどの範囲に設定するかで蟹座の可能性は変わってくるのだ。

　たとえば、あなたがお店をやりたい場合。5人ほどのお客さんを相手にすることしか想定できなかったら、そのお店がいくら流行っても、それ以上大きくはできないだろう。

　だからといって、闇雲に広いテリトリー・境界線を設定するのがいいわけじゃない。自分の実力、許容範囲を超えて境界線を設定したら、蟹座はアップアップになって潰れてしまう。

　大切なのは、あくまで自分に合ったテリトリー・境界線を意識して、設定することだ。

　ただし、蟹座の場合は外の世界に対する不安が強いから、自分の実際の力より内側に境界線を引いてしまう傾向がある。本当はもっと先まで進めるのに、手前で足踏みしてしまうのだ。

　そんな蟹座におすすめなのは、いま自分で限界だと考えているところより、「ほんのすこし外側」に境界線を引くこと。それが自分にとってちょうどいい広さのテリトリーになる。

　境界線は一般的には「ここから先は行ってはいけない」と制限するものだが、蟹座にとっては「ここまでは行ける」という目印でもある。境界線の意識をうまく使えば、自分の可能性は広がり、やりたいことも自ずと見えてくるだろう。

5

「好きな人」の
「好きなもの」を
追いかける

「好きなことは?」「やりたいことは?」と質問をされると困ってしまうあなた。でも、「大好きな人、憧れている人は?」と問われたら、すぐに具体的な名前が出てくるのではないだろうか。

実際、蟹座には強力な推しのアイドルや熱狂的に好きなアーティストがいることが多い。身近なところでも、上司や先生のことをすごくリスペクトしていたり、先輩や同級生に憧れていたり。しかも蟹座は憧れの相手の価値観や好みまで、丸ごと好きになる。たとえばそれまでなんの関心もなかったのに、好きな人が好きなものだとわかった途端、急に興味が湧いてくることもある。

だから、もしやりたいことが見つからないなら、「好きな人が好きなもの」を片っ端から試してみたらどうだろう。

憧れの友だちが夢中になっている趣味をあなたもはじめてみる。信頼する上司の愛読書を読んでみる。大好きなアイドルが好きだといっていた映画を観る。好きなアーティストが環境問題について発信していたら、勉強してみる。憧れているモデルが自然環境について語っていたら、エシカルファッションを研究してみる。

大好きなあの人の好きなことなら、あなたはモチベーションが上がって本気で取り組める。どんどんおもしろくなって、努力していける。蟹座は行動力があるから、その取り組みで評価を得ることだってできるだろう。

周りは「あなた自身が好きなものじゃないのに、大丈夫?」というかもしれないけれど、気にしなくていい。その人に憧れていたということは、その人が向いている方向にあなた自身も向いていたということ。「大好きな人」を追いかけていけば、その向こう側にきっとあなたの「大好きなもの」がある。あなたが「やりたいこと」につながっていく。

CANCER

PERSON
蟹座の偉人
1

前人未到のアイデアは
幼少期の体験から

アントニ・ガウディ
Antoni Gaudi

1852 年 6 月 25 日生まれ
建築家

サグラダ・ファミリアなどを設計したスペインの建築家。幼い
頃からリウマチなどを患い、不自由な生活を余儀なくされたが、
このとき得た観察眼が後の建築でも生きたという。
パリ万博で設計したショーケースが富豪のグエルの目に止ま
り、その支援で住宅や修道院などの設計に携わるようになっ
た。従来の建築の常識をくつがえしたサグラダ・ファミリアは
ガウディの頭のなかで設計され、完成予想図のみが残された。

参考 外尾悦郎（著）『ガウディの伝言』光文社 2006 年

PERSON

蟹座の偉人

2

輝ける居場所が
才能をさらに輝かせる

リオネル・メッシ
Lionel Messi

1987 年 6 月 24 日生まれ
サッカー選手

アルゼンチンで 4 歳からサッカーをはじめ、天才的な才能を
発揮する。しかし、10 歳でホルモン分泌の異常で成長が止
まる病気となり、一家は治療費を稼ぐためスペインへ移住。
このとき、治療費を全面負担という条件で、13 歳で FC バル
セロナへ入団し、17 歳でトップチームデビュー。以後チーム
の柱として活躍し続け、個人でもバロンドールや得点王など、
数々の賞を受賞している。

参考　マイク・ペレス（著）新皐大吾（翻訳）『メッシ 神と呼ばれる男』
KADOKAWA　2018 年

CANCER

CHAPTER 2
自分らしく輝くために

【仕事／役割／長所】

あなたに備えられた才能はなんだろうか？
あなたが最も力を発揮できるのはどんな場所？
あなたが世界に対して果たす役割は何か？
蟹座のあなたが、最も輝くために。

6

なんでもないものを
「特別なもの」に変える力
に気づく

蟹座のあなたには、なんでもないものを特別なものに変える力がある。

　たとえば、あなたには相手のことを思い、ちょっとした工夫や心づかいをして、感激されたことがないだろうか。

　事務的なメールに相手の近況を気づかう一言を加える。取引先への手土産を相手の好みをリサーチして選ぶ。お世話になった人に気のきいたお礼状を送る。相手が好きなことについてのニュースを知らせてあげる。その人が使いやすいように、資料をそろえる。落ち込んでいる後輩を職場から連れ出し、お茶をする。誕生日や記念日を覚えていて、さりげなくお祝いする。

　あなたにとっては当たり前のことかもしれないが、これこそがなんでもないものを特別なものに変える力。あなたの思いやり、心づかい、ひと工夫が相手に「特別感」を与えるのだ。

　蟹座は自分のこの力にもっと意識的になったほうがいい。そうすれば、可能性はどんどん広がっていくだろう。

　たとえば、誰かのために何かしてあげたいと思ったとき、どんな工夫ができるか、アイデアを出すトレーニングをする。いまは身近な誰かに向けている心づかいの対象をもっと広げて考えてみる。そうすれば、この力を仕事に活かせるようになる。

　ビジネスの世界ではいま、「問題解決能力」が重視されているが、これもベースになっているのは相手の状況を深く理解する共感力、いわば「思いやる力」だ。

　蟹座生まれの経営者が一員のスターバックスは、スタッフ個々人の思いやりから出たひと工夫を積極的に採用して、他のチェーン店とは違う特別感をつくり出した。あなたの小さな思いやりにもきっと、大きな可能性がある。

CANCER

7

「役に立っている」
という実感を
持てる仕事をしよう

蟹座は本来、「仕事のできる」星座。人に寄り添い、細やか
な気づかいができるうえ、リーダーシップや行動力があるから仕
事場ではみんなに慕われ、高い評価を得ることができる。
　ただ、その仕事はなんでもいいわけじゃない。お金が稼げると
いうだけでは蟹座の心は充足しない。
　蟹座が仕事をするうえで鍵を握るのは、「誰かの役に立ってい
る」という実感が持てるかどうか。人を守る、支える、ケアする
ような仕事に就けば、蟹座はモチベーションが高まるし、輝いて
いく。
　たとえば、教師や保育士、講師、ジムのインストラクターのよ
うな人に何かを教える仕事。医師、看護師、シッター、カウン
セラー、介護士のように人の心や体に寄り添う仕事。マネー
ジャー、秘書など、誰かを支える仕事。コンシェルジュ、ツアー
ガイド、キャビンアテンダントのような人をおもてなしする仕事。
美容師、メイクアップアーティスト、スタイリストなど、一人ひとり
の顧客のニーズに寄り添う仕事。こうした仕事に取り組めば、あ
なたはきっとみんなから頼りにされ、必要とされる存在になれる
だろう。
　直接的に誰かをケアする仕事じゃなくてもいい。たとえば、事
務の仕事でも、あなたの細やかな気づかいで、みんなを支える
ことができる。営業の仕事でも、取引先や顧客のニーズを汲み
取れるから、信頼されるし、長く続く関係を構築できる。
　どんな職場、どんな職種でも、大切なのは、蟹座らしく「誰
かの役に立つ」ことを意識し、その実感が持てるような仕事の
仕方をすること。そうすれば、あなたの人生はきっと輝きを増し
ていくだろう。

CANCER

8

課題に直面したら
まずは「歴史」を
さかのぼる

新しい課題やプロジェクトに取り組むとき、普通なら現状の問題点や市場、流行の分析、社会がこれからどう変わっていくかという未来予測からはじめるのが一般的。

　でも蟹座の場合、「いま」や「これから」のことでなく、まずはこれまでの「歴史」をさかのぼったほうがいい。

　会社や開発しようとしている商品、つくりたい作品、ジャンルの歴史をたどってみるのだ。

　会社の新規事業を考えることになったら、新しいアイデアをひねり出そうとする前に、その会社がどんな事業からはじまったか、どんな事業で発展したか、そこに込められてきた理念や携わった人々の思い、そういうものを丹念に調べていく。

　商品開発なら、同じジャンルの商品がどんな経緯で開発されてきたか、歴代の開発者が何を課題と考え、どう乗り越えてきたか、さらには、どんな失敗があったかまでを調査してみる。

　表現活動や趣味だって同じ。自分のオリジナル料理がつくれるようになりたいなら、各国の伝統的な料理やその後の変遷を研究し、昔ながらの料理を再現してみる。

　音楽活動をしていて新しい曲をつくりたいと思ったときも、楽譜に向かう前に、同じジャンルの音楽の古典といわれる作品を聴いて、それがどう影響を与え、どう発展していったかという歴史を追いかけてみる。古いものを深く知れば知るほど、新しい作品のアイデアが湧いてくることに気づくはずだ。

　蟹座は歴史を知ることで、流れをつかむことができる。川がどこに向かって流れてゆくかが見えるように、行き先が見えてくる。その歴史のなかで、自分はどういうバトンを受け取り、どこに向かって走るべきか、も見えてくるはずだ。

CANCER

9

「チーム」から
「ファミリー」へ

人とのつながり、絆を大切にする蟹座。仲間と一緒であれば、よりがんばれるし、より可能性が広がる。

　しかも、その絆は深ければ深いほどいい。一体感を示す「チーム」という言葉があるけれど、蟹座の場合はもっと踏み込んで、「ファミリー」のような関係をつくるとさらに力を発揮できる。

　たとえば、会社や学校を選ぶときはあたたかい家族的な雰囲気を持ったところを探そう。そして入ったら、自分もファミリーと感じられるような仲間をつくっていこう。

　そのためには、本来の目的以外のこと、私生活の楽しいことをともにするのが一番効果的だ。一緒にごはんを食べるのはもちろん、共通の趣味やスポーツ、音楽などをみんなで楽しんだり、ドラマの鑑賞会を開いたり、お互いの誕生日を祝うなど、イベントを開催するのもすごくいい。

　お店をやっているのなら、お客さんと一緒に「ファミリー」をつくろう。店のスタッフだけでなく常連さんも一緒に遠足に出かけたり、イベントを手伝ってもらったり。常連客にとって「ここが自分の居場所」「ここが自分のホーム」と感じられるような雰囲気をつくっていこう。そうやって、仕事を抜きにした時間を過ごすことで、絆が強くてあたたかい人間関係を築いていける。

「暑苦しいと嫌がられないか」「甘えや馴れ合いにつながらないか」と心配する人もいるかもしれないけれど、大丈夫。蟹座は細やかな心づかいができるから、その人に合った接し方ができるし、適度な距離感が取れる。

　メンバーの性格や得意、不得意も熟知しているから、メンバーの個性を活かすことができる。あなたのファミリーはきっとお互いがお互いを助け、全員で成長していける集団になれるはずだ。

CANCER

10

「オーダーメイド」
のように、
誰かひとりのために

あなたは人から"贈り物上手"といわれたことがないだろうか。相手の好みを吟味して本当によろこんでくれる贈り物を選ぶ──あなたは当たり前と思っているかもしれないが、これは愛情深く細やかに相手の心を想像できる蟹座だからできることだ。

　だったら、仕事もそんなふうに取り組んでみたらどうだろう。

　会社でよく「お客様のため」といわれるけれど、漠然とした「お客様」だけではピンとこない。年齢や性別をターゲティングしても足りない。蟹座はもっと具体的、個別的に考えたほうがいい。

　たとえば、自分の家族や友だちを思い浮かべ、その人が何をほしがっているか、プレゼントを贈るように考えてみる。

　常連客や、きのう接客したとき印象に残ったお客さんを思い出してもいい。その人がどんなことに困っているか、どんな工夫をすればよろこんでくれるか、その人の良さを引き出すためにどうすればいいか、「オーダーメイド」の仕立て屋さんのような気持ちで仕事に向き合っていく。

　水の星座＝感情の星座である蟹座は、数字やデータでは心が動かないし、モチベーションも高まらない。けれど、特定の誰かのためなら、その人が潜在的に求めていること、みんなが見過ごしている小さな問題点に気づけるし、アイデアが湧いてくる。

　誰かひとりを想定して商品やサービスを考えても、それこそ「オーダーメイド」みたいにひとりにしかあてはまらないのではないかと思うかもしれないが、そんなことはない。同じような悩みやニーズを抱えている人は他にも必ずいる。蟹座がまだ大多数が気づいていなかったニーズを掘り起こすことにもつながる。

　さあ、あなたも「オーダーメイド」のように仕事をして、ありきたりのマーケティングを超えていこう。

命がけの仕事から生まれた大切な気づき

サン＝テグジュペリ
Saint-Exupery

1900 年 6 月 29 日生まれ
作家・航空機パイロット

フランス出身で『星の王子さま』の作家。しかし、本業は飛行機のパイロットであり、「民間航空の開拓者」としても知られている。航空会社に勤めながら執筆した『星の王子さま』は自身の不時着体験から生まれた物語だという。

第二次世界大戦中にアメリカに亡命し、空軍で偵察任務をしていたが、偵察に出たまま行方不明となる。『夜間飛行』『戦う操縦士』などの作品も残し、不朽の名作となっている。

参考 「S-KIDS.LAND（集英社）」
https://kids.shueisha.co.jp/sp/lepetitprince/profile.html

きらめく才能のすべてを 弱者救済のために

アリアナ・グランデ
Ariana Grande

1993 年 6 月 26 日生まれ
女優・ミュージシャン

アメリカの国民的ソングライター。幼少時からハイトーンでパワフルな歌声を発揮し、8歳にしてプロアイスホッケーの試合における国歌斉唱シンガーに抜擢された。

私生活では動物愛護の立場から、動物性の食べ物は一切口にしないヴィーガンを公言している。また女性や性的マイノリティの権利を訴えたり、ホームレスや被災者、がん患者の支援を行ったりするなど、さまざまな社会活動にも取り組んでいる。

参考 「VOGUE JAPAN」
https://www.vogue.co.jp/tag/ariana-grande

CANCER

CHAPTER 3

不安と迷いから
抜け出すために

【決断／選択】

人生は選択の連続だ。
いまのあなたは、過去のあなたの選択の結果であり、
いまのあなたの選択が、未来のあなたをつくる。
蟹座のあなたは、何を選ぶのか。
どう決断するのか。

11

いまは
「嫌いなこと」を
無理にやらなくていい

本当は好き嫌いがはっきりしている蟹座。でも、気づかいができるからこそ、人に説得されたり世間体に流されて、無理やり嫌いな選択肢を選ぶことがある。

　でも、嫌いなままで取り組んでも、苦手意識で縮こまってしまい、なかなかいい結果にはつながらない。がまんして続けても、ますます苦手意識が強くなるだけだったりする。

　それでは時間がもったいないだけ。蟹座のあなたは、嫌いなことはとりあえずやらなくていい。嫌いなことは、いったん意識の外に放り出してしまおう。

　嫌いなことを避けていたら成長できないんじゃないかと心配になるかもしれないけれど、大丈夫。

　蟹座の好き嫌いは、テリトリーの意識と結びついている。リラックスしてのびのび動けるテリトリーの内側にあるものは「好き」で、テリトリーの外側にある未知のものには、どうしても苦手意識を持ってしまい、「嫌い」と感じてしまう。

　しかし、これはあくまでたったいまの話。成長していく過程でできることが増え、自信がついていくと、テリトリーは広がっていく。テリトリーが広がっていけば、かつて嫌いだったものも気にならなくなったり、嫌いじゃなくなっていく。

　そう、いまは嫌いなものでも、受け入れれるようになるときが必ずやってくるのだ。

　子どもの頃食わず嫌いしていた食べものが、大人になったらいつの間にか食べられるようになっているように、その瞬間は、自然にやってくる。

　そのときがくるまでは、嫌いなことは無理してやらなくていい。とりあえず、好きだと感じるものだけを追いかけ続けよう。

CANCER

12

決断を迫られたら
いったん
「宿題」として持ち帰る

何かを決断するとき、一瞬の感情に左右されて焦った状態で選ぶと、失敗につながることが少なくない。

　蟹座はとくにその危険性が高い。決断力がないわけではないが、その瞬間の感情で選んでしまってあとで後悔するということがよくあるはずだ。

　これは、その瞬間の「いいね!」「イヤだ!」という気持ちに支配されてしまうから。「いいね!」と思ったらデメリットにまったく気づかないし、「イヤだ!」と思ったらメリットに全然目がいかなくなってしまう。

　また、共感力が高いうえに人を思いやる気持ちも強いから、選択を迫ってくる相手やその場にいる人の気持ちを必要以上に汲んでしまい、本意じゃない選択をしてしまうこともある。

　だから、何かを選択・決断するときには、なるべく即決しないで、いったん「宿題」として持ち帰るようにしよう。

　その瞬間、「いいね!」「イヤだ!」と思っても、見落としていたメリットやデメリットがあるかもしれない。相手の都合や気持ちにほだされただけで、自分の気持ちは別にあったのかもしれない。

　だから、一晩寝かせて気持ちが変わらないかどうか見極める。他の選択肢と比較してみる。誰かにアドバイスを求めてみる。

　小さな選択で持ち帰るとは言い出せない場合も、一呼吸置いてから決めたほうがいい。逆に、なかなか確信が持てず、一晩では結論が出なかったら、それこそ心が納得するまで待ったほうがいい。1週間後までそれでも難しそうなら、1カ月後まで時間をほしいと勇気を出して言おう。

　実際は、今日、この瞬間に決めなくてはいけないような選択・決断などほとんどない。だから、躊躇なく、決断を持ち帰ろう。

13

分野別に
「アドバイザー」を
持っておく

何かを選択・決断するときは、客観的なデータや数字を検証し合理的に判断したほうがいいとよくいわれるが、それでは蟹座の心は動かない。

「人」とのつながりを大切にする蟹座にとっては、データより口コミ、とくに知りあいの口コミが一番信用できる。店選びでも、グルメサイトで高評価を獲得していることよりも、信頼している人の「おいしかったよ」「いいお店だったよ」の一言のほうがあなたのチョイスに大きく影響するはずだ。

　だから、選択に迷ったときはとにかく周囲の人に相談しよう。

　ただし、闇雲にたくさんの人に相談してしまうと、いろんなことをいわれて、共感力の高いあなたはそれぞれの意見に影響され、ますます混乱してしまう可能性がある。だから、分野別に相談する人、アドバイザーを決めておこう。

「恋愛についてだったらこの人」「仕事についてだったらこの人」「友人関係についてだったらこの人」「職場の人間関係なら」「グルメなら」「ファッションのことなら」……というように、それぞれの得意分野ごとに相談する人、アドバイザーを決めておくのだ。

　アドバイザーに適しているのは、まったく知らない人ではなく、あなたと親しい人。その分野に詳しいだけでなくて、あなたのこともよく知ってくれている人。

　そういう人なら、得意知識だけでなく、あなたの価値観や大事にしていること、得手・不得手、癖や細かいツボなども知ったうえでアドバイスをしてくれるだろう。

　そういう頼りになるアドバイザーが周りにいるのは、深い信頼関係を築くことのできる蟹座だからこそ。数字やデータが参考にならない時代、あなただけのアドバイザーに相談してみよう。

CANCER

14

迷ったら
「昔の自分」に聞いてみる

蟹座の核になっているのは、「思い出」や「過去とのつながり」。

　大きな選択をするとき、よく「将来、自分がどうなっていたいかを考えよう」といわれるけれど、蟹座の場合は逆に「過去」に、その答えがあることが多い。

　だから、迷ったときは昔の自分と対話して、記憶、過去からのメッセージを呼び起こそう。

　たとえば、進路で迷ったときは、小さい頃、中学生、高校生と節目をたどりながら、そのときどきに何になりたかったかを思い出してみる。

　仕事で迷っていることがあるなら、働きはじめた頃の自分や小さい頃の自分と対話し、どんな思いでその仕事をはじめたのか、どんな夢を描いていたのかを改めて思い出す。

　恋人やパートナーとの関係で迷っていることがあるなら、出会った頃や好きになった頃の自分、ふたりで何かを乗り越えて一緒に生きていこうと思った頃の自分と対話し、これまでのふたりの関係を思い起こす。

　そうやって過去の自分と対話できたら、あなたがずっと大事にしてきたこと、あなたの心が本当に望んできたこと、原点を改めて見つめ直すことができる。一番大切なものは何か、これからどういう自分でありたいかも見えてくる。

　しかも思い出は、あなたの決断に深みと強さを与えてくれる。より強い気持ちで選んだ道を進んでいける。

　昔の自分も笑って後押ししてくれるような決断を積み重ねていけば、いまのこの瞬間もまた、かけがえのない思い出に変わり、きっと未来のあなたを支えてくれるだろう。

15

5回に1回、
「いつもの逆」を
選んでみる

蟹のかたい甲羅のように、内と外を隔てる境界線がはっきりしている蟹座。未知のものに臆病で、何かを選ぶときはいつも馴染みのあるほうを選びがち。

　本当は大きなエネルギーと行動力を持っている蟹座なのに、それではもったいない。

　蟹座はタイミングと機会さえ来れば、自然と境界線を突破して進んでいくこともできるけれど、それを待たずに世界を広げていきたいのだとしたら、選ぶものをすこしだけ変えてみよう。

「いままでなら選ばなかったほう」を選んでみるのだ。

　といっても、人生の分岐点になるような大きな選択じゃなくていい。毎日の小さな選択で、いつもと違うほうを選んでみよう。

　頼んだことのないメニュー。入ったことのないカフェ。着たことのない色やデザインの服。降りたことのない駅。いつもと違うスーパー。観たことのないジャンルの映画。

　すべてじゃなくて、5回に1回くらいでいい。すこしだけ、いつもと違うものを選んでみよう。

　人から見れば小さな違いかもしれないが、あなたにとっては勇気がいるはずだ。しかし、その小さな冒険は、きっと発見や気づき、成長のきっかけをもたらしてくれる。

　チャレンジしてみたけど、心配していたほど怖くなかった。失敗したけど、たいしたことなかった。知らないものを知ることができた。この成功体験を積み重ねていくことで、あなたはすこしずつ未知の領域に対しても、自信が持てるようになる。

　そしていつか、大きな選択をするときにチャレンジングな選択ができるようになるだろう。

CANCER

PERSON
蟹座の偉人

5

思いもしない形でかなった
子どもの頃からの夢

円谷英二
Eiji Tsuburaya

1901 年 7 月 7 日生まれ
特撮監督

幼い頃は飛行機パイロットを目指していたが、入学した日本飛行学校が閉鎖され、夢破れる。

その後、大学に通いながらアルバイトをしていたとき、偶然の出会いで映画業界に入った。当時の日本にはなかった撮影技術を独自に編み出し、「ゴジラ」の公開でその名が海外にも知られるようになる。その後の「ウルトラマン」シリーズも国民的な作品となり、「特撮の父」「特撮の神さま」と呼ばれている。

参考 「TSUBURAYA」
https://m-78.jp/

CANCER

PERSON
蟹座の偉人
6

イヤで逃げた先にあった
自分が活躍できる場所

ヘルマン・ヘッセ
Hermann Hesse

1877 年 7 月 2 日生まれ
詩人・作家

ドイツで宣教師の家庭に生まれて神学校に入学するも「どうし
ても詩人になりたい」と逃亡したヘッセは、その後書店などで
働きながら執筆をはじめた。

第一次世界大戦中に書かれた『デミアン』、インドでの旅の経
験をもとに書かれた『シッダールタ』や後期の『ガラス玉遊戯』
が代表作となった。1946 年にはノーベル文学賞を受賞。晩
年はスイスで庭仕事などに勤しみ、静かに暮らしたという。

参考 ヘルマン・ヘッセ（著）フォルカー・ミヒェルス（編）岡田朝雄（翻訳）『人
は成熟するにつれて若くなる』草思社 2011 年

切手を
お貼り下さい

113-0023

東京都文京区向丘2-14-9
サンクチュアリ出版

『優しさをつらぬけ　蟹座の君へ贈る言葉』
読者アンケート係

ご住所	〒□□□-□□□□		
TEL※			
メールアドレス※			
お名前		男 ・ 女	
		（　　歳）	
ご職業			
1 会社員　2 専業主婦　3 パート・アルバイト　4 自営業　5 会社経営　6 学生　7 その他			

ご記入いただいたメールアドレスには弊社より新刊のお知らせや
イベント情報などを送らせていただきます。　　　　　　　　　　　メルマガ不要　□
希望されない方は、こちらにチェックマークを入れてください。

『優しさをつらぬけ 蟹座の君へ贈る言葉』読者アンケート

本書をお買上げいただき、まことにありがとうございます。
読者サービスならびに出版活動の改善に役立てたいと考えておりますので
ぜひアンケートにご協力をお願い申し上げます。

■本書はいかがでしたか？ 　該当するものに○をつけてください。

最悪	悪い	普通	良い	最高
★	★★	★★★	★★★★	★★★★★

■本書を読んだ感想をお書きください。

サンクチュアリ出版
年間購読メンバー

クラブS

sanctuary books members club

1〜2ヵ月で1冊ペースで出版。

電子書籍の無料閲覧、イベント優待、特別付録など、
様々な特典も受けられるお得で楽しい公式ファンクラブです。

■ サンクチュアリ出版の新刊が すべて自宅に届きます。

もし新刊がお気に召さない場合は他の本との
交換もできます。 ※合計12冊のお届けを保証。

■ サンクチュアリ出版の電子書籍が 読み放題になります。

スマホやパソコン、どの機種からでも閲覧可能です。
※主に2010年以降の作品が対象です。

■ オンラインセミナーに 特別料金でご参加いただけます。

著者の発売記念セミナー、本の制作に関わる
プレセミナー、体験講座など。

その他、さまざまな特典が受けられます。

クラブSの詳細・お申込みはこちらから

http://www.sanctuarybooks.jp/clubs

クラブS

会員さまのお声

読みやすい本ばかりで
どの本も面白いです。

会費に対して、
とてもお得感が
あります。

電子書籍読み放題と、新刊以外
にも交換できるのがいいです。

サイン本もあり、
本を普通に購入
するよりお得です。

来たり来なかったりで気長に
付き合う感じが私にはちょうど
よいです。ポストに本が入って
いるとワクワクします。

自分では買わないであろう本を読ん
で新たな発見に出会えました。

オンラインセミ
ナーに参加して、
新しい良い習慣
が増えました。

何が届くかわからないわくわく感。
まだハズレがない。

本も期待通り面
白く、興味深いも
のと出会えるし、
本が届かなくて
も、クラブS通信
を読んでいると
楽しい気分にな
ります。

読書がより好きになりました。普段購
入しないジャンルの書籍でも届いて
読むことで興味の幅が広がりました。

自分の心を切り開く本に出会いまし
た。悩みの種が尽きなかったのに、
そうだったのか!!!ってほとんど悩
みの種はなくなりました。

学びを結果に変える
アウトプット大全

やる気のスイッチ!

覚悟の磨き方
〜超訳 吉田松陰〜

ぜったいに
おしちゃダメ?

多分そいつ、
今ごろパフェとか食ってるよ。

カメラはじめます!

図解 ワイン一年生

LOVE&FREE
〜世界の路上に落ちていた言葉〜

結婚一年生

相手もよろこぶ 私もうれしい
オトナ女子の気くばり帳

誰も教えてくれない
お金の話

お金のこと何もわからないまま
フリーランスになっちゃいましたが
税金で損しない方法を教えてください!

食べるなら、
どっち!?

オトナ女子の不調をなくす
カラダにいいこと大全

カレンの台所

サンクチュアリ出版 = 本を読まない人のための出版社

はじめまして。サンクチュアリ出版・広報部の岩田梨恵子と申します。この度は数ある本の中から、私たちの本をお手に取ってくださり、ありがとうございます。…って言われても「本を読まない人のための出版社って何ソレ??」と思った方もいらっしゃいますよね。なので、今から少しだけ自己紹介させてください。

ふつう、本を買う時に、出版社の名前を見て決めることってありませんよね。でも、私たちは、「サンクチュアリ出版の本だから買いたい」と思ってもらえるような本を作りたいと思っています。そのために"1冊1冊丁寧に作って、丁寧に届ける"をモットーに1冊の本を半年から1年ほどかけて作り、少しでもみなさまの目に触れるように工夫を重ねています。

そうして出来上がった本には、著者さんだけではなく、編集者や営業マン、デザイナーさん、カメラマンさん、イラストレーターさん、書店さんなどいろんな人たちの思いが込められています。そしてその思いが、時に「人生を変えてしまうほどのすごい衝撃」を読む人に与えることがあります。

だから、ふだんはあまり本を読まない人にも、読む楽しさを忘れちゃった人たちにも、もう1度「やっぱり本っていいよね」って思い出してもらいたい。誰かにとっての「宝物」になるような本を、これからも作り続けていきたいなって思っています。

CANCER

CHAPTER 4

壁を乗り越えるために

【試練／ピンチ】

あなたの力が本当に試されるのはいつか？
失敗したとき、壁にぶつかったとき、
落ち込んだとき……。
でも、大丈夫。
あなたは、あなたのやり方で、
ピンチから脱出できる。

CANCER

16

いったん
「テリトリー」を
狭めてみる

もしあなたがいま、心が疲れているとしたら、知らないうちに許容範囲を超えて手を広げすぎているのかもしれない。

　蟹座はテリトリーの意識が強い。だからこそ、テリトリーの外、ホームの外に出てしまうと、不安、ストレスが人の何倍も強くなってしまう。

　いまのあなたもそういう状態なのかもしれない。担当する仕事が増えすぎて手一杯になっている、経験したことのない大きな仕事を新人と一緒にやることになった、新しい習い事を同時にふたつはじめてしまった、など……。はじめてのこと、これまでより難しいこと、量が多いことなど、チャレンジングな要素がいくつも重なると、あなたは苦しくなってしまう。

　もちろん、テリトリーの外に飛び出し、テリトリーを広げていくことはあなたの世界を広げ、あなたを成長させてくれる。必要で大事なステップだ。

　ただ、しんどいときは一度テリトリーを狭めたほうがいい。

　担当の仕事や頼まれごとが増えすぎたなら、得意なものだけを残してあとは人の力を借りる。これまでにない大きなスケールのプロジェクトなら、慣れ親しんだメンバーに入ってもらう。新しいことをはじめるなら、一番簡単なものひとつにしぼる。こんなふうに、「絶対大丈夫」「絶対うまくいく」と思えるところまでテリトリーを狭めてみよう。そうすれば、心の余裕を取り戻せる。

　それでは成長できない、取り残されるのではと心配になるかもしれないが、焦る必要はない。

　蟹座はまず、いまの自分の状態に合ったサイズのテリトリーのなかで成功体験を積み重ねることが大切。自信と元気を取り戻せたら、またすこしずつテリトリーを広げていけばいい。

17

感情を抑えるのでなく
「別の感情」で
乗り越える

蟹座はつらいとき、とことん落ち込む。悔しいとき、驚くほど激しい怒りを見せる。それ自体は悪いことではない。感情の豊かさは、蟹座の魅力の源泉。無理やり抑え込むことはできないし、抑え込んだらあなたらしさも失われてしまう。

　ただ、負の感情に飲み込まれ、そのままひとつの感情にとらわれてしまうのはよくない。負の感情にとらわれると、視野が狭くなり、すべてをそこに結びつけるようになる。他の感情は湧かなくなり、負の感情だけが増幅する悪循環におちいってしまう。「ムカつく」「許せない」「つらい」という感情が長く続いているときは、感情を抑え込むのでなく、別の強い感情を呼び起こすことで乗り越えよう。

　たとえば、いま抱えている悩みとは関係ない題材で、すごく泣ける映画やドラマを観る。絶叫マシーンに乗り、めちゃくちゃ怖いお化け屋敷に行く。素敵な思い出の詰まった場所に旅行に行く。失恋してつらいなら、すごく仲のいい友だちや家族とどうでもいいバカ話をする。すごくおいしいものを食べて、おいしい！と思うとか、お笑い番組を観て爆笑するだけでもいい。とにかく、別の感情が生まれるような体験をしよう。

　ひとつの感情にとらわれているときは、それ以外のことが考えられなくなってしまうけれど、本来、蟹座の感情はもっと多彩で豊かなものだ。どんなに怒っていても、どんなに悲しんでいても、何かのきっかけでくるっと感情が切り替わる。別の感情の力があなたを回復させてくれる。

　感情はときに、あなたを苛むいまいましいものにもなるけれど、けっしてそれだけではない。あなたと大切な人を結びつけ、あなたの日々を彩り、落ち込んだときにはあなたを支えてくれる。

CANCER

18

自分を救うために
「誰かを救う」

人は落ち込んでいるとき、当たり前だけれど「つらい自分」を
なんとか救おうとする。

　でも、蟹座の場合はそういうときこそ、他者の存在に目を向け
てみるといい。自分がつらいときこそ、自分でない「誰かを救お
う」としてみるのだ。

　なぜなら、蟹座は大切な誰かのためならつらいときでも立ち上
がれるから。人の役に立った実感で自信を取り戻せるから。

　もしあなたがいま、ひどく落ち込んでうずくまっているなら、試
しに誰かのために立ち上がってみよう。人手が足りなくて困って
いる友人の仕事を手伝うのでもいい。仕事に悩んでいる後輩の
相談に乗る、愚痴を聞くのでもいい。失恋して落ち込んでいる
友だちにとことん寄り添うのもありだ。

　周りにそういう人がいなかったら、思いきってこの機会に災害
や貧困、障害などで困っている人のために、ボランティア活動を
するのもいいかもしれない。

「仲間だから」「困っている人がいるから」というだけで動き、
夢中になれるのが蟹座だ。誰かを助けるために一生懸命になっ
ていれば、あなたの心のモヤモヤはいつの間にか晴れていく。

　自分のために誰かを救うのは偽善だ、などと考えなくていい。
動機がなんだろうと、あなたの行動は困っている人の役に立つ。

　しかもあなたは、自分自身が救われるためにやっていると自覚
しているから、なんの見返りも求めない。それどころか、自分の
ほうが相手に感謝したいという気持ちになっていく。それは、「偽
善」とは最も遠くにいる、とても素敵な姿勢だ。

　だから、堂々と自分のために誰かを救おう。誰かを救うことで
あなたはもっと強くなれる。

CANCER

19

つらいときくらいは
「思いっ切り」
甘えよう

蟹座のあなたは周囲の人をいつも甘えさせてあげている。他の人なら気づかないような相手の心の痛みに敏感に反応して、寄り添っている。相手が困っているとみるや、なんの見返りがなくても面倒を見ている。ときにはおせっかいと思えるほどに相手を細やかにケアしている。

　一方、蟹座はいつも誰かを守れる自分でありたいと思っているせいか、自分自身はあまり甘えることはしない。誰かに頼ることもほとんどない。

　でも、蟹座のあなただって落ち込んだときくらいは甘えていい。思いっ切り頼っていい。

　まずは、自分で自分を甘やかそう。

　いつもどんなに欠点だらけの相手でも、その欠点も含めて包み込み、寄り添ってあげているあなた。自分に対しても、欠点のある自分、失敗のある自分も愛してあげよう。「甘えてもいいんだよ」と自分を許してあげよう。自分で自分を抱きしめるのだ。

　その次は、他人に甘え、頼ろう。

　いろんな人に悩みを打ち明けて、愚痴を聞いてもらう。自分の手に負えないことがあれば、手伝ってもらう。大泣きして抱きしめてもらっていい。

　いつもみんなのためにがんばっているあなただからこそ、力になってくれる人は必ずいる。あなたが助けを求めれば、きっとあなたのもとにかけつけてきてくれる。あなたの築いてきたあたたかな絆こそが、あなたの一番の回復剤になるのだ。

　もう、ひとりでがんばらなくていい。なんの躊躇もいらない、思いっ切り甘えよう。いつも誰かを抱きしめているあなたが、今度は抱きしめてもらおう。

20

理由なく気分が
沈むときは
「過去の傷」を癒す

過去の思い出の蓄積によって形づくられている蟹座。とくに理由もなく元気が出ない、気分が沈むというときは、過去の何かが「傷」になって癒されないまま残っていることがある。

　たとえば親との関係、小学生のときにいじめられた、すごくがんばっていたのに大事なときに失敗してしまった、信じていた友だちに裏切られた、職場で激しく叱責され自信を失った……。心のどこかにずっと引っかかっている過去のつらい体験。

　普段は忘れているかもしれない。でも、それは見ないふりをしているだけで、心の奥底に残っていることがある。

　心の奥底にある傷を放置しておくと、別な形で出てくることがある。抑え込もうとすればするほど、歪な形で噴き出してしまう。

　だから、「引きずっちゃダメ」なんて思わずに、まずその存在に向き合ってみよう。過去のつらい体験を思い返すのは苦しいかもしれないが、傷ついた自分を認めてあげよう。「傷ついた」「つらかった」「悲しかった」「寂しかった」「許せない」そんなふうに思う自分を受け止めてあげよう。傷ついた自分を、思いっ切り抱きしめてあげよう。

　つらかった記憶や傷ついたときの感情、そのことが自分に与えた影響をノートに書き出してみるのもいい。あるいは、ペットや植物、ぬいぐるみに話してもいい。

　もし誰かに話せるようになったら、ただ静かにあなたの思いを受け止めてくれる誰かに吐露しよう。

　大切なのは、自分がどれだけつらかったかに気づくこと。それを外に出して表現すること。その行為が、つらい体験を本当に過去のものにして、もう一度、自分を前向きにしてくれる。

最愛の人を描いた絵は
世界有数の芸術となった

アメデオ・モディリアーニ
Amedeo Modigliani

1884 年 7 月 12 日生まれ
画家・彫刻家

ユダヤ人の両親のもとイタリアで生まれ、美術を学ぶ。20 代でパリへ移るとピカソらと出会い、芸術家として活動をはじめる。その特徴は顔をアーモンドのように長く描く表現方法で、「横たわる裸婦」などの裸婦像や、「椅子に肘をつくジャンヌ・エビュテルヌ」などを残した。

持病と不摂生のため、作品は評価されないまま 35 歳で亡くなるが、現在はピカソらと並ぶほど高額で取引されている。

参考 「西洋絵画美術館」
https://artmuseum.jpn.org/profilemodigliani.html

傷を負ったことで
その言葉は世界に届いた

アーネスト・ヘミングウェイ
Ernest Hemingway

1899 年 7 月 21 日生まれ
作家

新聞記者を経て、第一次世界大戦では赤十字の一員として従軍するも負傷。その後、作家活動をはじめる。『武器よさらば』『誰がために鐘は鳴る』『老人と海』などを残し、1954年にはノーベル文学賞を受賞。ハードボイルド文学の代表格となった。自ら戦地におもむいて執筆を行い、マッチョな姿で狩猟やボクシングを嗜むといったライフスタイルは20世紀のアメリカ社会に大きな影響を与えたという。

参考 「日本ヘミングウェイ協会」
http://hemingwayjapan.org/

CANCER

CHAPTER 5

出会い、
つながるために

【人間関係／恋愛】

あなたが愛すべき人はどんな人か？
あなたのことをわかってくれるのは誰？
あなたがあなたらしくいられる人、
あなたを成長させてくれる人。
彼らとより心地いい関係を結ぶには？

CANCER

21

「守る」から
「育てる」へ

蟹座は周りの人、とくに親しい友人や恋人、パートナー、家族には親鳥がひなにエサを運ぶように、かいがいしく世話をする。その結果、相手から「甘えられる」「頼りになる」と慕われる。

　ただ、蟹座は愛情が強すぎるあまり、過剰に守りすぎて相手を依存させてしまうことが少なくない。そんな関係にあなたも依存して「共依存」におちいることもある。

　大切な人を守り、慈しむ気持ちは大事だけれど、不健全な関係におちいりそうなときは、その愛情の注ぎ方を「守る」から「育てる」という方向に発展させたほうがいいかもしれない。

　たとえば、恋人が仕事に行き詰まってやめてしまったら、自分が生活の面倒を見るのでなく、一緒に向いている仕事を探す。子どもに対しても、全部やってあげるのでなく家事を手伝わせながら、すこしずつ自分ひとりでできるようにする。会社でかわいがっている後輩にも、ヒントを与えて自分で考えさせる。

　あなたのなかには、相手にひなのままでずっと自分のもとにいてほしい気持ちがあるのかもしれない。でも、ひなが必ず巣立っていくように、どんな人もいつか、自力で飛べるようにならなくてはならない。そうでなければ、その人がダメになるし、あなたとの関係もそのうち破綻してしまう。

　だから、守りながらでいいから、甘えさせながらでいいから、すこしずつ相手を育て自立させていこう。それは、あなた自身が自立することでもある。

　自立はけっして、ふたりの関係の終わりではない。むしろ、お互いが相手に依存せずに自分の足で立っていたほうが、もっと素敵な関係になっていく。つまらないことでいがみ合うこともなくなって、ずっと関係が続いていく。

22

他人の気持ちから
「自由」になる

あなたは、人といるとき言いたいことを素直に話せているだろうか。

　思いやりが深く、いつも相手の気持ちを大事にするあなた。でも、そのせいで実は自分の気持ちを出すのをがまんすることも多いのではないだろうか。なのに、みんなはあなたの優しさに甘えて、それを当たり前のように思っている。

　感謝されたくてやっているわけじゃないけれど、そういうことが続くとやっぱり傷ついてしまうし、不満が溜まっていく。

　だから、ときには人の気持ちを考えることをやめ、とことんわがままになろう。他人の気持ちから自由になる。

　何かをするときも、相手がどう思っているか、相手のためになるかどうかはあえて一切考えない。自分がしたいかどうかだけで考える。いつもは空気を読んでみんなが嫌がる仕事を引き受けてしまうけれど、自分がしたくなければ、やらない。したければ、やる。

　言葉を使うときも同じ。こんなこと言ったら相手はどう思うか……そんなことは考えず、自分の思ったことを言ってみよう。

　もしも、それで誰かを傷つけるのが心配なら「個人的にはこう思うけれど」「私個人はこうしたいけれど」という話し方をしてみたらどうだろう。「私個人は……」ということで、誰かを否定したり、強要するつもりはないということが示せる。あなた自身も自分の意志や気持ちに、より意識的になることができる。

　たまにでいいから、他人の気持ちを一切無視して自分の気持ちだけを大切にしよう。徹底的にわがままになろう。そうすれば、明日からまた、「思いやりのある素敵なあなた」がきっと、戻ってくるだろう。

23

ファミリーに
「新メンバー」を入れる

ファミリー的な深い結びつきのある仲間をつくれるのは、蟹座の強みであり、すごくいいところ。

　ただ、絆が深いからこそメンバーが固定し、関係性や役割も固定しがち。

　どんなに居心地のいいファミリーでも、固定化し続けるとしだいに煮詰まりすぎて、息苦しくなってくる。お互いの反応も予想の範囲を超えず、新しい発想が出てこなくなったり、同じことの繰り返しで成長できなくなってしまう。知らず知らずのうちに小さな不満が溜まっていく。

　そうならないように、ときどきあなたのファミリーに新メンバーを入れていこう。会社だったら、新しい社員を入れる。サークルや趣味の集まりだったら、全然知らないメンバーを SNS で募集してみる。ペットを飼うでもいいだろう。

　新メンバーはいままでなかった新しい発想を与えてくれるし、膠着していた関係性にも変化を与えてくれる。

　多少のもめごとやひずみは起きるだろうが、蟹座のあなたなら大丈夫。細やかであたたかいケアができるから、新メンバーもファミリーに違和感なく溶け込むことができる。既存メンバーのこともフォローして、新しい人を受け入れる空気をつくり出せる。居心地のよさは変わらないまま、グループにいい意味での変化をつくり出すことができるだろう。

　アイドルグループに新メンバーが入ると、グループ全体が一気に成長し、新しい魅力が出てくることがよくあるが、あなたのファミリーもきっとそういう状態になる。そして、そのリニューアルの過程で、あなた自身も大きく成長を遂げるはずだ。

24

別れても
「つながり続ける」
ことはできる

人との絆を大事にする蟹座にとって、「別れ」は人一倍つらい体験だろう。世界の終わりのように感じてしまうかもしれないし、人によっては、相手に対する憎しみに転化したり、出会わなければよかったと全否定してしまったり。

　でも、それは宝物を捨てるような行為、考え方だ。

　蟹座は人との出会いによって形づくられている。その人を愛し、慈しんだ経験は確実にあなたの大きな糧になっている。

　だから、好きな気持ちを否定する必要はないし、無理して断ち切る必要もない。憎んだり、無理に断ち切ったり、全否定するのでなく、それが自分の一部であることを認めて、一緒にいたときの思い出を抱きしめればいい。思い出すのがつらいと思わないで、思い出したときは思い出にひたったらいい。

　しかも、蟹座の場合は人との関係が100％ゼロになることはない。物理的には別れたとしても、なんらかの形ではつながり続ける。たとえば、その人と一緒にはじめた趣味、その人の影響で好きになったものがあるはず。別れてもそれを続けることも、その人とつながり続けることだ。

　実は、相手のなかにも、そんなふうにあなたが存在し続けている。蟹座の細やかな愛情や優しさや思いやりは特別なものだから、別れても相手の心に残り続ける。

　だからいまは別れても、運命がまたふたりを引き合わせる可能性だってある。2度と出会うことはなかったとしても、心でつながり続けることはできる。

　そのためには、あなたが相手に対して「この世界のどこかで元気に生きてくれていればいい」と思えること。そう思えれば、出会いのよろこびも別れの痛みも、すべてあなたの宝物に変わる。

25

これから
あなたが「愛すべき」人
あなたを「愛してくれる」人

動じないで、あなたの感情を包み込んでくれる人

　蟹座は感情の起伏が激しいから、反応して感情が動いてしまう相手だと、ぶつかり合ってお互い疲弊してしまう。だからそばにいるのは、あなたの感情の揺らぎにも動じない人がいい。それでいて、あなたの繊細な感情を包み込んでくれる人。そんな船のような人がそばにいてくれたら、あなたは安心して冒険できるだろう。

聞き上手な人、じっくり話を聴いてくれる人

　みんなのために自分を抑えることの多い蟹座には、心の声を聴いてくれる人がいるといい。アドバイスや意見をいうんじゃなく、ただ静かにあなたの話を聴いてくれる人。ときには何気ない質問で、心の深いところを引き出してくれる人。そんな人がいたら、あなたはずっと優しいあなたでい続けることができる。

一方的でなく、お互いに甘え合える人

　世話好きで、みんなが甘えられるあなた。でも、恋人やパートナーにするなら、あなたのほうも甘えられる人がいい。あなたが相手にするのと同じように、世界中が敵になってもあなたを守ろうとする人。心置きなくわがままをいえる人。そういう人となら、お互いが支え合える、成熟した関係をつくっていくことができる。

CANCER

PERSON
蟹座の偉人
9

家族への愛から
社会への愛へ

ダイアナ妃
Princess Diana

1961 年 7 月 1 日生まれ
ウェールズ公妃

名門スペンサー家で生まれ、イギリス王室のチャールズ皇太子と結婚。81 年の結婚式は世界中に中継され、祝福される。ウィリアム王子とヘンリー王子が生まれるも、その結婚生活は破綻し、96 年に離婚。以後は HIV やがん患者へのチャリティーなど社会活動を行っていた。イギリス王室の伝統的な慣習にあらがい、自由に生きようとする姿は世界中の人々に勇気を与え、いまなお愛され続けている。

参考 「VOGUE JAPAN」
https://www.vogue.co.jp/tag/princess-diana

名選手はやがて
名監督へ

野村克也
Katsuya Nomura

1935 年 6 月 29 日生まれ
野球選手・監督

高校時代は無名だったが、南海ホークス（現：福岡ソフトバンクホークス）に入団し、キャッチャーとして活躍。バッターに話しかけ、揺さぶりをかける「ささやき戦術」が有名となる。打者としても 65 年には戦後初の三冠王（打率、打点、ホームラン）となるなど、45 歳まで第一線で活躍、野球殿堂入りを果たす。その後はヤクルト、タイガース、楽天で監督を務め、名将として愛された。

参考　加藤弘士（著）『砂まみれの名将　野村克也の 1140 日』新潮社　2022 年

CANCER

CHAPTER 6

自分をもっと
成長させるために

【心がけ／ルール】

自分らしさってなんだろう？
誰もが、もって生まれたものがある。
でも、大人になるうちに、
本来の自分を失ってはいないか。
本来もっているはずの自分を発揮するために、
大切にするべきことは？

26

自分の感情の
「クセ」を知ろう

蟹座は、水の星座＝感情の星座のなかでも、活動宮であることから、感情が外に向かっていく傾向が強い。その結果、ときに感情が暴走して、自分でもコントロールできないことがある。あなたもそれで失敗したり、後悔したりしたことがあるかもしれない。

　でも、感情の動きを無理やり抑えるのは難しい。大切なのは、感情を否定せず、うまくつきあっていくこと。

　そのためには、まず感情の「クセ」を知ろう。自分の感情が爆発するときのパターンを分析するのだ。

　こういうことをいわれると、ムカつく。こういうことをされると、腹が立つ。こういうことを受け入れてもらえないと、いやな気持ちになる。これがないと、イライラする……。こんなふうに、自分が感情的になるパターンを把握しておけば、激しい感情が湧いてきたときに「あ、いまはこのパターンだな」と思い出すことができる。そう思うことができるだけで、すこし客観的になれて、一呼吸置くことができる。

　そのうえで、感情的になるプロセスを自覚できるとなおいい。感情は、起きた出来事に対して直接湧き出てくるわけではない。現象と感情のあいだには必ず「解釈」がある。誰かに「がんばって」といわれたとき、「応援してくれた」と解釈すればうれしいし、「がんばってないと思われている」と解釈すると悔しくなる。

　この「解釈」が正しいかどうか、をチェックするのだ。そうすればさらに冷静になれるし、誤解もなくなる。感情の暴走につながる地雷を避けることができるようになるかもしれない。

　さまざまなアプローチで、自分の感情の正体を知っていけば、きっとあなたも感情とうまくつきあえるようになる。感情をコトロールできるようになる。

CANCER

27

「嫌い」を因数分解し
「好き」の調味料を
ふりかける

蟹座のあなたは、嫌いなものは絶対にイヤ。嫌いなことを無理してやっても、モチベーションも湧かないし、うまくいかない。

　だから、蟹座は嫌いなことは無理しないほうがいい。

　ただ、その前に本当にいま、嫌いと思っていることのすべてが嫌いなのか考えてみよう。ある一部分だけが嫌いなのに全体が嫌いになっていたり、嫌いなものに関係しているだけで別のものまで嫌いになっているかもしれない。

　心当たりがある人は、必要以上に自分の世界を狭めないために時折、「嫌い」を因数分解してみよう。

　たとえば就職がイヤだと感じている場合、就職のどこがイヤなのか考えてみる。スーツを着るのがイヤなのか、毎朝早く起きるのがイヤなのか、1日中デスクに座っているのがイヤなのか。

　イヤな要素がわかれば、それだけを避けるようにする。スーツがイヤなら、スーツを着なくていい仕事をする。朝早いのがイヤなら、フレックス制の会社に入る。デスクに座っているのがイヤなら、外回りの仕事を選ぶ。

　そんなふうに「嫌い」なところを取り除いたら、嫌いと思い込んでいたものが嫌いではなくなる。

　嫌いじゃなくなったら、今度はそこに「好き」を混ぜてみよう。

　英語の勉強をするなら、好きな映画を英語で観る。プレゼンが苦手なら、お気に入りのイラストをスライドに使用する。掃除が嫌いなら、音楽をかけて踊りながらやる。

　にんじんが嫌いでも、調理法やドレッシングを変えたら食べられるように、「好き」を加えるのだ。そうすると、嫌いだったことが魔法にかかったみたいに、キラキラ輝いてくる。楽しいことになる。すこしずつできることが増えて、あなたの世界は広がっていくだろう。

CANCER

28

「小ネタ」を
日常と仕事に
仕込んでいこう

蟹座の日常は、小さな気づきであふれている。相手のちょっとした変化に気づいたり、仕事のなかで小さな工夫を発見したり。友人たちと話すときも、爆笑を誘うような笑い話やみんなが仰天するような話よりも、クスッと笑えるような小ネタが大好き。

　あなたは小さなこと、取るに足らないことだと思っているかもしれないけれど、これは蟹座の大きな才能のひとつだ。人は壮大なスケールの物語、世界を一変させる大きな変化に目を奪われがちだけれど、現実の世界では小さなことが、大きな変化の引き金になる。ディテールの積み重ねが人を感動させる。

　蟹座の小さな気づきにも、世界を変える力が秘められている。

　事実、蟹座の人のなかには日常のちょっとした不便に着目して世界を変えるイノベーションを生み出した起業家がたくさんいる。作家やアーティストでも、ディテールや小ネタを丹念につくり込んで、素晴らしい作品に仕上げている人が多い。

　あなたも、日常に見つけた小ネタを「取るに足らない話」と思わずに、メモを取って溜めていこう。それを仕事や日常に活かして、積極的に発信していけばいい。

　仕事でアイデアを求められたら、溜めてきた小ネタを参考に考えてみる。SNSの文章には、必ずクスッと笑えるような話を仕込んでおく。仕事相手とのトークは今朝、起きた小さな出来事を最初に話して打ち解ける。イラストを描いたり、写真を撮るときは日常の小さな発見をテーマにしてみる。よく行くお店があるなら、お店にまつわる小ネタを常連客と共有して盛り上がる。

　みんなが気づかずスルーしている小ネタには、人と人を結びハッピーにする力がある。思わぬアイデアを生み出すこともある。その力を一番うまく使いこなせるのが、蟹座なのだ。

CANCER

29

「思い出箱」をつくって
身近に置いておこう

100

あなたには、捨てられずにずっととっているものがないだろうか。昔の日記や手帳、子どもの頃の作文、ぬいぐるみ、思春期の頃から繰り返し読んでいる本。大切な人からもらった手紙やカード。はじめて提出した企画書。あるいは、何を入れていたか忘れてしまった箱やいろんな包装紙……。

　世間では断捨離や整理術など「捨てる」ことが推奨されがちだけれど、蟹座は絶対にこれらを捨てないほうがいい。一度も取り出したことがなくても、それらは蟹座の人生の重要な思い出とつながっている。普段は思い出すことさえないけれど、それらは無意識のなかであなたの大切な一部を成している。

　蟹座の作家・プルーストの大作『失われた時を求めて』は、一口のマドレーヌの味がきっかけとなって壮大な記憶が呼び起こされる物語だが、蟹座には些細な「もの」がきっかけになって、自分の原点やモチベーション、発想が呼び起こされることがある。

　だから、思い出につながる品々をとっておくだけじゃなく、自分のそばに置いていつでも取り出せるようにしておいたほうがいい。ここを開けば、思い出たちが眠っているという箱のようなものをつくっておく。棚の奥にしまい込んだり、実家に置きっぱなしにしないで、日常的に意識できるところに置いておこう。

　落ち込んだときや道に迷ったとき、孤独な夜にその箱を開ければ、大切な思い出に触れ、原点の自分に立ち返ることができる。落ち込んだときだけじゃない。月に一度、半年に一度、定期的に開けて、思い出の品々に触れるのもいいだろう。

　そのたびに、あなたは思い出たちに励まされ、フレッシュな気持ちに戻れる。いま、どんな遠いところ、どんな新しい世界を生きているとしても、本当の自分を見失うことなく進んでいける。

30

自分が根ざす
「ホームタウン」に
出会うために

蟹座がその能力をのびのびと発揮し、輝くためには「居場所」を見つけることが大事。どんな居場所に出会えるかで、蟹座の人生は大きく変わる。

　でも、その居場所はたんに居心地がいい、というだけでは足りない。もっと深い感覚、一言で表すなら、「そこに根ざしている」という感覚。自分の原点とつながり、強い絆を感じられる、そう、まさに「ホームタウン」と呼べる場所だ。

　そんな場所に出会うためにやってみたらいいのが、「根ざす」という言葉通り、「根っこが一緒かも」と感じられる場所を探すこと。

　たとえば、会社を選ぶなら待遇や業績より、経営理念に深く共感できることがあるか、社歴が自分の歴史に重なる部分があるかをチェックしてみる。社長と出身地が同じ、扱っている商品に馴染みがあるだけでも就職先候補に入れていい。

　仕事や趣味をはじめる場合も、自分のルーツとかかわりがあるものを探してみよう。実家の商売や親の職業、小さい頃自分を助けてくれた人の仕事などに着目してみる。学生時代に熱中したこととの共通点がある趣味や、地元の友だちのノリに似ているサークル……。小さなことでもいい、あなたにとって大事な部分が「同じ」だと感じたり、過去の記憶が呼び覚まされたりするような場所、こと、人を探していこう。

「根っこが一緒」の場所が見つかったら、あなたは絶対的な安心感を得ることができて、どんどんやる気が出てくる。リラックスして力を発揮できるようになる。

　そして、「帰る場所がある」という気持ちが勇気を与え、外に出て大きなチャレンジができるようになるだろう。

CANCER

PERSON
蟹座の偉人
11

日の目を見ない日々が
醸し出したカッコよさ

ハリソン・フォード
Harrison Ford

1942 年 7 月 13 日生まれ
俳優

大学で演劇を学び、中退して役者の道へ進む。ユニバーサル
と契約するも、芽が出ずに一時は大工として働いていた。
しかし、1977 年制作の「スター・ウォーズ」でハン・ソロ役
に抜擢されると一躍人気俳優に。その後の「インディ・ジョー
ンズ」シリーズの主演で、その存在は絶対的なものとなった。
15 年制作の「スター・ウォーズ フォースの覚醒」では、32
年ぶりにハン・ソロを演じ、ファンをよろこばせた。

参考 「映画 .com」
https://eiga.com/person/57004/

CANCER

PERSON
蟹座の偉人

12

働きながら消化した
自分のなかの「変身」願望

フランツ・カフカ

Franz Kafka

1883 年 7 月 3 日生まれ
小説家・公務員

小説家。とはいえ、その作品は死後に出版されたもので、本業はサラリーマンであった。ユダヤ人家系で生まれ、チェコで生活するも話す言葉はドイツ語という複雑な環境で育った。大学で法律を学び、労働者災害保険局に勤務。その合間に、主人公が「朝起きたら虫になっていた」という代表作『変身』や『城』などを書いた。死後、それらの作品は「不条理文学」の名作として、村上春樹なとも愛読した。

参考　明星聖子（著）『カフカらしくないカフカ』慶應義塾大学出版会　2014 年

CANCER

CHAPTER 7

新しい世界を
生きていくために

【未来／課題／新しい自分】

蟹座は、これからの時代をどう生きていくのか。
変わっていく新しい世界で、
未来のあなたがより輝くために、
より豊かな人生を生きていくために、
蟹座が新しい自分に出会うために、大切なこと。

31

新しい形の
「ファミリー」を
つくろう

家族的な人間関係を求める蟹座。本当の「家族」だけでなく、友人や仕事仲間ともファミリー的な温かい人間関係・コミュティを築こうとする。

　ただ一方で、ファミリーへの思いが強すぎるあまり、守りたいという気持ちが支配欲に転化したり、メンバーが巣立っていくのをはばもうとしたりすることがある。ファミリーの外側の人々を敵視してしまうことも少なくない。

　ファミリーを求める気持ちは変える必要はないけれど、これからの時代、ファミリーをもっと柔軟に考えてみてはどうだろう。

　家族だからといって結婚し、一緒に暮らさなきゃいけないわけじゃない。逆にシェアハウスの住人同士で仲良くなったり、友人と共同生活を送ったり、動物と暮らすのもファミリーの一形態だ。

　仕事も同じ。所属している部署や会社にこだわらないつながり、いろんな分野を横断するゆるやかな集団でありながら、太い絆で結ばれた関係を築くことだってできる。「こうあらねばならない」という固定観念を外して、新しい「ファミリー」の形を模索してみよう。

　そうすれば、メンバーはもっと居やすくなるし、あなたも彼ら彼女らの変化や成長を受け止め、応援できるようになる。いままでは、属する場所が変わったとたん関係が途切れることもあったかもしれないけど、これからは、物理的に離れたあともファミリーであり続けることができる。あなたの家族はこれから先、もう減ることはなく、増え続けていくことになるだろう。

　物理的に離れていても、価値観の異なる人であっても受け入れ、つながり続ける──そんな新しいファミリーを求めていけば、いつか世界中があなたのホームに変わっていくだろう。

32

人と
「約束」するたびに
成長していく

未知の領域に対しては慎重で、なかなか新しいことに踏み込めない蟹座。その結果、せっかくの能力が眠ったままになったり、自分の世界を広げられないでいる人も多い。

　でも変化が激しいこれからの時代、未知のものに背を向けていては生き残ることが難しくなる。蟹座が無理なく新しいことにチャレンジし、可能性を広げるためにはどうすればいいのだろう。

　効果的なのは、やはり、蟹座が大事にしている「人との絆」に背中を押してもらうこと。

　蟹座は誰かに期待されたり信頼関係があると、それに応えようと自分のことはさしおいてもがんばれる。怖くても自信がなくても、誰かと約束したことなら、約束を守るためにやり遂げる。

　だから、何か人から頼まれごとをしたとき、誘われたときは積極的に引き受けよう。自信がなくて「安請け合いしたら迷惑をかける」と不安になったとしても、断るのでなく時間をもらおう。いますぐはできないけれど、1週間後なら、1カ月後なら、1年後なら、というふうに。

　新しいことを思いついたのになかなか踏み出せないときも、人を巻き込むのがいい。まず、自分から誰かを誘って「一緒にやろう」と約束するのだ。

　ひとりだと直前で怖くなり、逃げ出したくなってしまうかもしれないけれど、自分から仲間を誘っていたら「裏切れない」とスタートを切るだろう。途中でうまくいかないことがあったとしても、仲間を見捨てて放り出したりしない。

　大切な誰かと約束することで、あなたは新しいチャレンジに向かっていける。自分のテリトリーを突破できる。人とのつながり、絆があなたを新しい世界に押し出してくれる。

33

「メモ」が
新しい力を与えてくれる

昔からメモは大事だといわれてきたが、最近ではビジネスや勉強にも重要なツールだということが改めて見直されている。

　このメモの活用は、蟹座を大きく成長させるトリガーになる。蟹座のモチベーションや能力の源泉は、過去の記憶の蓄積。だから、メモに書き留めていくことで記憶の泉が充実し、蟹座の可能性はどんどん広がっていくのだ。

　また、メモは蟹座の苦手な部分を補うこともできる。記憶力のいい蟹座だけれど、「感情」がすごく豊かだから、感情だけが記憶に残ったり、感情のバイアスによって記憶が微妙に変わってしまうことがある。でもメモを取ることで、あとから見返すと事実がどうだったかを振り返ることができ、冷静になれる。とらわれていた感情を見直すことができる。

　だから、蟹座はどんどんメモを取ろう。とくに、見聞きしたこと、起きたこと、感銘を受けた誰かの言葉などを、なるべく客観的に書き留めるのがいい。

　さらに、メモの取り方を工夫すれば「思考」の機会を増やすことにもつながる。蟹座は感情が豊かで、行動力もあるけれど、ときに「思考」することがおろそかになる。

　だから、何かを体験したり見聞きして心が動いたときは、メモにその事実を客観的に記したあと、自分がどう解釈したかを書く。そのうえで、体験から学んだこと、どう活かしていけるかを書き出すようにする。そうすると、思考プロセス、体験で学んだことを応用できるようになっていく。

　その使い方次第で、きっとメモはあなたに新しい力を与えくれるだろう。

CANCER

34

オンラインに
「ぬくもり」を
もたらそう

SNS に向いていないといわれることの多い蟹座。確かに、情緒的な深い心のつながりやぬくもりを求めるゆえに、クールでドライな SNS での交流を寂しく感じてしまうところがある。逆に、リアルと同じ感覚で SNS をやったところ、誤解されて失敗したという経験を持つ人も少なくない。

　でも、蟹座だって SNS を活用できないわけじゃない。SNS を入口に蟹座が求めている深いつながりを結ぶ方法はある。

　たとえば動画メディアなら、短い文章や写真では伝えきれなかった細やかな感情を伝えられる。クローズドなコミュニティをつくれるプラットフォームを使えば、常連さんが集うスナックのようなあたたかな場所をつくることだって可能だ。

　むしろ SNS だからこそ深くつながれることもある。物理的な距離があったり表面上の属性が違って、リアルで交わるチャンスがなかった人と、SNS で深く通じ合い仲良くなる、というように。

　しかも、これからの時代は SNS やオンラインに蟹座的な「ぬくもり」を求める人がこれまで以上に増えていく。あなたの心が求めるものをどんどん具現化していけば、新しいサービス、新しいコミュニティを自らつくり出せる可能性もある。

　たとえば、メタバースのような仮想空間でぬくもりの感じられる心の交流をどう育むか。どうすれば情熱を共有し、心の傷を癒し合えるか。「いいね!」や投げ銭以外に、推しを応援する気持ちをより深くより多様に表現できないか。蟹座はそんなことを考えてみてはどうだろう。

「オンラインでぬくもりは伝わらない」とあきらめるのでなく、「オンラインにぬくもりをもたらす」。それが新時代の蟹座に与えられた使命かもしれない。

CANCER

35

誰かの思いを
「引き継ぐ」ことで
大きな夢に向かう

蟹座には、歴史に残るような大きな業績を残した人がたくさんいる。でも一方で、臆病なところがあるから、自分ひとりで大きな目標や夢をイメージするのが苦手な人が多い。

　もしもあなたが「挑戦したいけれど一歩踏み出せない」ならば、誰かの思いを「引き継ぐ」という考え方をしてみよう。目の前からいなくなった親しい人が取り組んでいたことを、自分が後継者となってやっていこうと考えるのだ。

　たとえば、会社を去った先輩がチャレンジしていたプロジェクトをあなたが新しい形で実現に向けて取り組んでみる。亡くなった恩師を思って、あなたも教育や研究に身を投じる。祖父母が営んでいた店を、いま新しい形でよみがえらせる。

　思いを引き継ぐ相手は、歴史上の人物や有名人でもいい。同じ蟹座の有名人なら、もっと具体的にイメージできるかもしれない。

　たとえば、プリンセス・ダイアナの活動を引き継いで、子どもの貧困支援のボランティアをやってみる。ヘレン・ケラーの業績に思いをはせて、障がいのある人もともに生きてゆけるようなサービスや製品を開発する。グスタフ・マーラーの未完成の交響曲第10番の精神を引き継ぐ音楽をつくる。フランツ・カフカの未完成の小説『城』の世界観の延長にあるゲームをつくる。

　こんな考え方をすれば、あなたもきっと大きな夢を描き、大きなスケールのことにチャレンジできるようになるだろう。

　蟹座の建築家、アントニ・ガウディが設計したサグラダ・ファミリアは、ガウディ亡きあとから100年が経とうとするいまも、建築され続けている。

　蟹座の先人たちもきっと、あなたが後継者になって自分の思いを引き継いでくれることを望んでいるはずだ。

117

CANCER

PERSON
蟹座の偉人
13

みんなのためなら
どこまでも強くなれる

マララ・ユスフザイ
Malala Yousafzai

1997 年 7 月 12 日生まれ
女性人権活動家

女児教育を求める世界的シンボル。タリバンの女性教育弾圧
をブログで批判したことにより、下校途中に銃撃を受けたが、
くじけることなく「教育を受ける権利」を訴え続けた。
その姿勢が世界中の人々の心を動かし、200 万人以上が嘆
願書に署名。パキスタンではじめて、無償で義務教育を受
ける権利を盛り込む法案を可決させるきっかけとなった。2014
年には史上最年少でノーベル平和賞を授与されている。

参考 「国際連合広報センター マララ・ユスフザイ」
https://www.unic.or.jp/activities/celebrities/peace_messengers/malala/

CANCER

KEEP YOUR KINDNESS.

EPILOGUE

蟹座が後悔なく生きるために

蟹座が一歩を踏み出すために、
やりたいことを見つけるために、
迷いを吹っ切るために、
自分に自信を持つために、
新しい自分に変わるための指針。

旅をしよう。
旅をすれば、
新しい自分に気づき、
力になりたい人や、
守りたいものに出会えるだろう。

蟹座にとって旅とは、
「大切なもの」を増やすための旅。

大切な人やものを増やすほど、
蟹座の器は無限に大きくなっていく。
蟹座の強みはそこにある。

守るべきものがあれば
それが弱点にもなる。
大切な人を守るためには、
もっと強くならなくてはいけない。
もっと強くなれば、
もっと優しくなれる。
もっと優しくなれたら、
自分の心を守ることもできる。

居場所を増やそう。
居場所を広げていこう。

そこが居場所だと感じられたら、
あなたは誰よりも大胆に行動できるのだから。

人生とは、出会いと別れをくり返すものだ。
しかし蟹座にとって、別れた人たちは、
これからの人生と無縁ではない。
いつまでも心のなかで生き続け、
ともに向かう場所がある。

かつて笑い合ったり、
よろこびを分かち合ったり、
心を許しあった仲間たちとの
すべての思い出を力に変えて、
新しい居場所をつくり出していこう。
いまはそばにいなくても、
心のなかでは
きっとみんなとつながっている。

さあ、次は何をめざそうか。
あの人ならなんていうだろう。
あの人だったらどんな反応をするだろう。

そんな想像を楽しみながら、
心の仲間たちと一緒に、次の冒険に出かけよう。

蟹座はこの期間に生まれました。

誕生星座というのは、生まれたときに太陽が入っていた星座のこと。
太陽が蟹座に入っていた以下の期間に生まれた人が蟹座です。
厳密には太陽の動きによって、星座の境界は年によって1～2日変動しますので、
生まれた年の期間を確認してください。(これ以前は双子座、これ以後は獅子座です)

生まれた年	期間（日本時間）	生まれた年	期間（日本時間）
1936	06/21 23:21 ～ 07/23 10:16	1980	06/21 14:47 ～ 07/23 01:40
1937	06/22 05:11 ～ 07/23 16:05	1981	06/21 20:44 ～ 07/23 07:38
1938	06/22 11:03 ～ 07/23 21:56	1982	06/22 02:22 ～ 07/23 13:14
1939	06/22 16:39 ～ 07/24 03:35	1983	06/22 08:08 ～ 07/23 19:03
1940	06/21 22:36 ～ 07/23 09:33	1984	06/21 14:02 ～ 07/23 00:57
1941	06/22 04:33 ～ 07/23 15:25	1985	06/21 19:44 ～ 07/23 06:35
1942	06/22 10:16 ～ 07/23 21:06	1986	06/22 01:29 ～ 07/23 12:23
1943	06/22 16:12 ～ 07/23 03:03	1987	06/22 07:10 ～ 07/23 18:05
1944	06/21 22:02 ～ 07/23 08:54	1988	06/21 12:56 ～ 07/22 23:50
1945	06/22 03:52 ～ 07/23 14:44	1989	06/21 18:53 ～ 07/23 05:44
1946	06/22 09:44 ～ 07/23 20:35	1990	06/22 00:32 ～ 07/23 11:20
1947	06/22 15:18 ～ 07/24 02:13	1991	06/22 06:18 ～ 07/23 17:10
1948	06/21 22:10 ～ 07/23 09:06	1992	06/21 12:14 ～ 07/23 23:07
1949	06/22 04:02 ～ 07/23 14:55	1993	06/21 17:59 ～ 07/23 04:49
1950	06/22 09:35 ～ 07/23 20:28	1994	06/21 23:47 ～ 07/23 10:39
1951	06/22 15:24 ～ 07/24 02:19	1995	06/22 05:34 ～ 07/23 16:28
1952	06/21 20:12 ～ 07/23 07:06	1996	06/21 11:23 ～ 07/22 22:17
1953	06/22 01:59 ～ 07/23 12:51	1997	06/21 17:19 ～ 07/23 04:14
1954	06/22 07:53 ～ 07/23 18:43	1998	06/21 23:02 ～ 07/23 09:54
1955	06/22 13:31 ～ 07/24 00:23	1999	06/22 04:49 ～ 07/23 15:43
1956	06/21 19:23 ～ 07/23 06:18	2000	06/21 10:47 ～ 07/22 21:41
1957	06/22 01:20 ～ 07/23 12:13	2001	06/21 16:37 ～ 07/23 03:25
1958	06/22 06:56 ～ 07/23 17:49	2002	06/21 22:24 ～ 07/23 09:13
1959	06/22 12:49 ～ 07/23 23:44	2003	06/22 04:10 ～ 07/23 15:03
1960	06/21 18:42 ～ 07/23 05:36	2004	06/21 09:56 ～ 07/22 20:49
1961	06/22 00:30 ～ 07/23 11:22	2005	06/21 15:46 ～ 07/23 02:39
1962	06/22 06:24 ～ 07/23 17:16	2006	06/21 21:25 ～ 07/23 08:16
1963	06/22 12:03 ～ 07/23 22:58	2007	06/22 03:06 ～ 07/23 13:59
1964	06/21 17:56 ～ 07/23 04:51	2008	06/21 08:59 ～ 07/22 19:53
1965	06/21 23:55 ～ 07/23 10:47	2009	06/21 14:45 ～ 07/23 01:34
1966	06/22 05:33 ～ 07/23 16:22	2010	06/21 20:28 ～ 07/23 07:20
1967	06/22 11:22 ～ 07/23 22:14	2011	06/22 02:16 ～ 07/23 13:11
1968	06/21 17:13 ～ 07/23 04:06	2012	06/21 08:08 ～ 07/22 18:59
1969	06/21 22:55 ～ 07/23 09:47	2013	06/21 14:03 ～ 07/23 00:54
1970	06/22 04:42 ～ 07/23 15:35	2014	06/21 19:51 ～ 07/23 06:40
1971	06/22 10:19 ～ 07/23 21:13	2015	06/22 01:37 ～ 07/23 12:29
1972	06/21 16:06 ～ 07/23 03:01	2016	06/21 07:34 ～ 07/22 18:29
1973	06/21 22:00 ～ 07/23 08:54	2017	06/21 13:24 ～ 07/23 00:14
1974	06/22 03:37 ～ 07/23 14:29	2018	06/21 19:07 ～ 07/23 05:59
1975	06/22 09:26 ～ 07/23 20:20	2019	06/22 00:54 ～ 07/23 11:49
1976	06/21 15:24 ～ 07/23 02:17	2020	06/21 06:43 ～ 07/22 17:35
1977	06/21 21:13 ～ 07/23 08:02	2021	06/21 12:32 ～ 07/22 23:25
1978	06/22 03:09 ～ 07/23 13:59	2022	06/21 18:13 ～ 07/23 05:05
1979	06/22 08:56 ～ 07/23 19:47	2023	06/21 23:57 ～ 07/23 10:49

※秒数は切り捨てています

著者プロフィール

鏡リュウジ
Ryuji Kagami

1968年、京都生まれ。
心理占星術研究家・翻訳家。国際基督教大学卒業、同大学院修士課程修了（比較文化）。
高校時代より、星占い記事を執筆するなど活躍。心理学的アプローチをまじえた占星術を日本で紹介することによって、占いマニア以外の人にも幅広くアピールすることに成功。占星術の第一人者としての地位を確たるものとし、一般女性誌の占い特集では欠くことのできない存在となる。また、大学で教鞭をとるなど、アカデミックな世界での占星術の紹介にも積極的。
英国占星術協会会員、日本トランスパーソナル学会理事、平安女学院大学院客員教授、京都文教大学客員教授、東京アストロロジー・スクール代表講師などを務める。

優しさをつらぬけ
蟹座の君へ贈る言葉

2023 年 1 月 15 日　初版発行

著者　鏡リュウジ

写真　Getty Images
デザイン　井上新八
構成　ホシヨミ文庫
太陽の運行表提供　Astrodienst /astro.com
広報　岩田梨恵子
営業　市川聡／二瓶義基
制作　成田夕子
編集　奥野日奈子／松本幸樹

発行者　鶴巻謙介
発行・発売　サンクチュアリ出版
〒 113-0023　東京都文京区向丘 2-14-9
TEL 03-5834-2507　FAX 03-5834-2508
https://www.sanctuarybooks.jp
info@sanctuarybooks.jp

印刷・製本　中央精版印刷株式会社

©Ryuji Kagami 2023 PRINTED IN JAPAN

本書は、2013 年 5 月に小社より刊行された『蟹座の君へ』の本旨を踏襲し、
生活様式の変化や 200 年に一度の星の動きに合わせて全文リニューアルした
ものです。